ALEXIS

DE TOCQUEVILLE

SA VIE ET SES OUVRAGES

ALEXIS
DE TOCQUEVILLE

SA VIE ET SES OUVRAGES

DISCOURS

PRONONCÉ A L'OUVERTURE DE LA CONFÉRENCE DE LA RUE ROYALE

PAR

CHARLES SAVARY

AVOCAT A LA COUR IMPÉRIALE, ANCIEN PRÉSIDENT DE LA CONFÉRENCE

PARIS

GUSTAVE RETAUX LIBRAIRE-ÉDITEUR

RUE CUJAS, 15

1868

ALEXIS

DE TOCQUEVILLE

SA VIE ET SES OUVRAGES

MESSIEURS,

Les hommes qui nous ont transmis dans leurs écrits les souvenirs de leur vie publique et les leçons de leur expérience se sont attachés le plus souvent, dans le cours d'une vie agitée, à un gouvernement ou à un parti, et la plupart d'entre eux nous apparaissent irrévocablement liés, par une solidarité presque inévitable, à un régime exclusif dont ils ont partagé les fautes aussi bien que les mérites. C'est une exception rare et singulière qu'une individualité politique dégagée des liens de cette solidarité, et conservant, au milieu des partis qui se remuent autour d'elle, la sereine impartialité de ses jugements et la pureté inaltérable de ses principes. Une si entière possession de soi-même semble n'appartenir qu'à un moraliste étranger à toutes les vicissitudes de la vie publique et ne communiquant avec le monde que pour le contempler et le juger. Aussi, lorsqu'elle accompagne le travail d'une intelligence mêlée au mouvement des affaires humaines sans s'y laisser entraîner, et s'élevant au-dessus des événements passagers pour découvrir de plus haut, dans la marche de la société, dans ses besoins et dans ses intérêts permanents, les règles et les lois de l'avenir, tout ce qu'une pareille intelligence a produit, forme pour les générations qui lui succèdent un sujet d'études curieuses et d'enseignements féconds. L'esprit du lecteur se livre aux impressions qu'il en reçoit avec une confiance d'autant plus entière, qu'il appréhende moins l'effort systématique d'une apologie, et la postérité recueille religieusement le souvenir d'une existence qui lui appartient sans réserve, parce qu'elle s'est dégagée des passions éphémères pour se consacrer à la recherche de la vérité. Un intérêt de ce genre s'attache à la vie et aux écrits de M. de Tocqueville, il leur donne pour nous un prix inestimable, et j'ai cru répondre à la mission que vous m'aviez fait l'honneur de me confier, en essayant de les retracer devant vous.

Lorsque M. de Tocqueville parvint à l'âge où les convictions de l'homme se dégagent des impressions mobiles de l'adolescence et où la pensée, maîtresse d'elle-même, se tourne librement vers un idéal destiné à fixer ses aspirations, la France était en pleine possession de la liberté politique. Sortie enfin d'une révolution dont l'aurore, pleine de brillantes promesses, avait trop tôt fait place aux orages sanglants de la Terreur, après s'être abandonnée à la domination d'un héros qui unissait au génie d'Alexandre les emportements de Charles XII, rentrée sous le sceptre de ses anciens rois, elle cherchait dans la tranquille jouissance des libertés publiques l'apaisement des partis et l'oubli de ses désastres militaires. La vieille monarchie, rajeunie par la Charte comme par l'infusion d'un sang nouveau, s'était enveloppée dans ces formes parlementaires que la pensée admire d'autant mieux qu'elle les contemple davantage, et, appuyée sur ces conquêtes de l'esprit moderne, elle semblait fixée sur notre sol pour une suite de siècles égale à son passé. Le chef de l'État avait abdiqué avec la puissance absolue une responsabilité grosse de périls, et, devenu le médiateur de ses sujets, il laissait à la nation représentée par les deux Chambres le soin de ses destinées. Qui eût pu écarter le douloureux souvenir des discordes civiles se serait cru aux premiers jours de 1789, car la Révolution, après s'être si longtemps égarée loin du but poursuivi par ses premiers auteurs, semblait, par un heureux retour, être venue se rasseoir auprès de son point de départ. Jamais la tribune française n'avait brillé d'un aussi vif éclat, et en voyant tant d'orateurs révéler au même instant les merveilles de leur éloquence, on eût pu dire que l'esprit humain, fatigué du silence de l'Empire, s'était senti travaillé subitement du besoin de répandre en un seul jet ses trésors, trop longtemps contenus. A peine la parole entraînante de M. Lainé s'est-elle fait entendre dans l'assemblée, déjà la voix vibrante de M. de Serre résonne en d'admirables discours ; Benjamin Constant prête à l'opposition constitutionnelle la vivacité pénétrante de son esprit ingénieux, et

Royer-Collard, s'élevant à l'idée philosophique de chaque sujet qu'il éclaire, en présente dans d'immortelles harangues le développement majestueux, comme un fleuve qui conserve dans son cours la force et la pureté qu'il apporte des hauteurs d'où il descend.

M. de Tocqueville appartenait par sa naissance à cette race d'hommes que nos révolutions successives ont rendus trop rares, et qui considéraient l'attachement à la monarchie comme inséparable de l'amour de la liberté. Malesherbes, son aïeul maternel, s'était illustré en mettant au service de la royauté captive la même voix qui lui avait fait entendre aux jours de sa toute-puissance les sévères remontrances des cours de justice, et son père, après s'être distingué par la publication de remarquables ouvrages d'histoire, exerçait dans l'État de hautes fonctions. Il dirigeait la préfecture de Seine-et-Oise et avait obtenu en même temps la dignité de pair de France. Alexis de Tocqueville était donc naturellement porté par son éducation, son entourage et ses traditions de famille, à s'attacher au gouvernement de la Restauration. Dès l'âge de vingt-deux ans, il avait été nommé juge auditeur au tribunal de Versailles, et, tout entier aux soins de sa profession, il pouvait puiser dans le double éclat de sa naissance et de son mérite l'espoir d'une heureuse et paisible carrière.

Mais le gouvernement dans lequel il avait cru trouver l'alliance durable du droit héréditaire et des idées nouvelles marchait déjà vers l'abîme. La Restauration portait dans son sein un principe de destruction qu'elle eût dû y tenir soigneusement enfermé et que des amis imprudents en avaient fait sortir. Une majorité toute formée d'émigrés, et emportée dans ses rancunes contre la société moderne, avait saisi le pouvoir ; elle prenait à tâche de rappeler sans cesse les souvenirs propres à perpétuer les divisions, et en accusant hautement ses préférences pour l'état antérieur à 1789, elle semait dans le pays la méfiance et la crainte. Les hommes compromis dans les événements de la Révolution, tous les intérêts menacés, se séparaient d'un gouvernement qui s'était séparé d'eux et qui avait abandonné son rôle conciliateur pour se jeter dans une faction. La chute du ministère Martignac venait d'enlever aux hommes modérés leur dernière espérance et Charles X allait, en brisant violemment la Charte, rompre lui-même le traité qui unissait la royauté de l'ancien régime à la France du dix-neuvième siècle.

Les révolutions, ce n'est point leur moindre tort, fixent, sans les consulter, la destinée des hommes, en les plaçant dans le parti des vainqueurs ou dans celui des vaincus. M. de Tocqueville tenait par trop de liens au monde de la Restauration pour avoir vu sans déplaisir la chute de la dynastie, et bien qu'il fût trop sage pour refuser de reconnaître le pouvoir nouveau, il devait toujours conserver vis-à-vis du gouvernement de Juillet une attitude froide et contenue. Dès les premiers jours il caractérisait dans une lettre à Louis de Kergolay, l'intime confident de ses pensées, cet état d'esprit qui devait exercer sur sa vie publique une singulière influence.

« Je regrette chaque jour sincèrement l'événement

« de juillet, lui disait-il. Ici nous sommes d'accord. Je
« verrais sans regret une restauration que, toi, tu re-
« gardes comme absolument nécessaire ; voilà la nais-
« sance de l'angle que forment nos deux esprits. Tu
« crois qu'il faut à tout risque, marcher dès à présent
« vers cette restauration par tous les moyens quel-
« conques, excepté ceux qui ne sont pas honnêtes, et
« moi je ne le crois point... Tu dois comprendre qu'en-
« visageant les choses ainsi dans toute la sincérité de
« ma pensée, je ne puis travailler au renversement
« du gouvernement actuel... »

Et il écrivait à M. de Beaumont :

« Je reste jusqu'à ce que, en ma qualité de juge
« auditeur, on me renvoie. Vois ce que c'est que la
« modération. Si le ministère Polignac eût triomphé,
« j'aurais été cassé pour avoir résisté aux ordon-
« nances. Il est vaincu, et je serai peut-être mis de
« côté par ceux qui l'ont renversé, car je ne puis
« approuver tout ce qui s'est fait. »

Beaucoup de personnes ont blâmé chez M. de Tocqueville cette sorte d'indécision, et ce refus de se ranger
positivement dans le nombre des amis du gouvernement
de Juillet. Il ne semble cependant pas qu'on puisse les
lui reprocher avec justice. Sans doute, un pays est à
plaindre lorsque ses fautes ou sa mauvaise fortune
ont fait du principe même de la monarchie le terrain
des discussions publiques, et nous devons envier l'é-
tat de ces peuples plus heureux où l'on n'a point vu
tant de fois la couronne passer de mains en mains au
gré du sort, et où la liberté peut s'appuyer sur une
dynastie assise dans le roc, parce qu'une dynastie in-

discutée et plusieurs fois séculaire a conservé, au milieu des formes qui passent et se modifient, le principe toujours vivant de son inviolabilité. Mais cette vénération presque superstitieuse, et qui ne saurait supporter l'idée de compter dans les partis politiques un seul adversaire de la personne royale, n'est pas une tranquillité permise aux gouvernements nouveaux, et ceux-ci, lorsqu'ils se sont élevés après une lutte civile, ne peuvent exiger que leur triomphe, si juste qu'il soit, anéantisse les regrets ou les dissidences. D'ailleurs cette tendresse instinctive et confiante qui se remue au fond du cœur du peuple anglais et qui l'attache à ses rois par des liens indissolubles, n'est pas le fruit de la raison des philosophes, et comme elle porte le caractère des passions humaines, son développement est soumis aux mêmes lois. Les passions politiques ont ce point commun avec l'amour, qu'elles prennent l'homme tout entier et qu'elles ont besoin pour naître de croire à leur perpétuité. Aussi dans les pays trop souvent troublés les hommes se prennent d'un attachement exclusif pour des notions impersonnelles, et, selon l'objet qu'ils ont donné à leurs aspirations, ils servent sous les gouvernements établis la grandeur de l'Etat ou le triomphe de la Liberté. M. de Tocqueville, entouré des souvenirs d'un autre régime, ne pouvait reconnaître dans le nouveau l'élément de stabilité que donne l'évidence du droit; il ne pouvait donc lui apporter qu'une fidélité sans dévouement pour la dynastie et s'il nous est permis de le regretter, nous ne saurions nous en étonner ni en faire l'objet d'une critique.

Cependant cette situation ne pouvait s'accorder avec

le désir d'un avancement rapide dans les fonctions publiques. M. de Tocqueville comprit qu'il fallait sourire à ce contre-temps et s'y résigner, en attendant, des circonstances une carrière où il n'eût à espérer son succès que de lui-même. Il résolut de tourner au perfectionnement de son talent l'événement qui était venu le surprendre, et il se mit à l'étude avec ardeur, afin d'être prêt à suivre une voie nouvelle le jour où elle s'ouvrirait à son esprit. Le hasard ne tarda pas à la lui révéler. Le gouvernement poursuivait alors, d'accord avec les Chambres, l'adoucissement des lois pénales. L'esprit public s'était ému du sort des condamnés et réclamait dans le régime des prisons une série d'améliorations destinées à faciliter la réformation morale des malfaiteurs. M. de Tocqueville demanda à se rendre aux Etats-Unis pour examiner les conditions et les effets de l'emprisonnement cellulaire. Il obtint facilement cette mission peu enviée, et partit en 1831 avec M. de Beaumont, bien décidé à étudier en détail tous les ressorts de cette vaste société américaine, dont chacun parlait sans la connaître. Une année lui suffit pour mener à son terme l'enquête sur les prisons et pour embrasser dans des notes rapides l'ensemble des institutions politiques. Ce voyage décida sa destinée d'écrivain et nous donna *la Démocratie en Amérique*.

Le succès de *la Démocratie en Amérique* fut considérable parmi les contemporains Il étonna surtout par son caractère universel. Le peuple des États-Unis, dont M. de Tocqueville avait fait l'objet de ses méditations, recueillait le fruit de la sagesse de sa Constitution et en jouissait lui-même avec une confiance trop sereine pour y porter l'analyse ou la critique; aussi, quand il reçut *la Démocratie*, il vit en quelque sorte pénétrer ses propres secrets jusqu'à une profondeur où il n'avait jamais sondé, et il ne donna pas de bornes à son admiration, quand il sut qu'un voyageur, traversant l'Amérique, avait jeté sur elle un coup d'œil assez ferme pour tirer, d'impressions en apparence fugitives, une image plus précise que celle qu'avait gravée dans l'esprit des citoyens la pratique de leurs propres institutions. Le livre de M. de Tocqueville devint aux États-Unis un ouvrage classique, et, dans le sein de l'aristocratie anglaise, ce monument élevé par un étranger à la gloire d'un peuple rival ne fut pas accueilli avec moins de faveur. Ainsi il obtint dès le début ce rare bonheur, de séduire à la fois les hommes et les peuples des opinions les plus diverses, d'arracher les mêmes louanges aux apôtres de la démocratie et aux partisans du régime aristocratique. L'Académie des sciences morales et politiques eut bientôt un siége vacant dans la section de philosophie, et pour en disposer en faveur de M. de Tocqueville, elle fit changer de section M. Jouffroy, qui était de celle de morale. L'Académie française lui avait déjà décerné un prix extraordinaire de 10,000 francs et n'allait pas tarder à l'appeler au milieu d'elle. En Angleterre, la Chambre des communes lui avait fait l'honneur de le consulter sur les clauses d'un bill en matière électorale. Cependant un succès si complet semble croître encore chaque jour. Le temps, qui réforme souvent des jugements précipités et qui dévore bien des renommées éphémères, a donné à celle de M. de Tocqueville une consécration qu'il n'avait pas reçue de ses contemporains. Les idées qu'il a mises au jour, et qui étaient nouvelles ou étranges pour son époque, se sont développées peu à à peu, et ont pénétré dans les esprits, et tandis qu'on n'avait d'abord aperçu en lui qu'un philosophe, les générations qui s'élèvent reconnaissent dans ses doctrines un programme politique appelé à une application présente. Il s'est formé une école qui s'inspire des pensées répandues dans ses ouvrages, et qui compte pour adhérents toute la partie nouvelle de la société.

L'idée fondamentale de M. de Tocqueville est un sentiment profond des difficultés que rencontre parmi nous l'établissement de la liberté; c'est cette idée qui forme le fond de toutes les recherches auxquelles son esprit se livre à propos de la démocratie américaine, et, suivant ses propres expressions, bien qu'il ait rarement parlé de la France dans cet ouvrage, il n'a pas écrit une page sans penser à elle et sans l'avoir, pour ainsi dire, devant les yeux. Il pouvait sembler extraordinaire en 1835 d'affirmer que la liberté était dans un péril imminent, et les hommes qui ne considèrent que la surface des objets devaient s'étonner qu'on cherchât avec tant d'inquiétude le remède d'un mal si peu apparent. Mais tandis que les partis politiques n'étendaient point leurs regards au delà d'un lendemain dont ils n'étaient pas même assurés, M. de Tocqueville pressentait qu'avant d'arriver au terme de ses recherches, la société connaîtrait encore de dangereuses alternatives. Sous l'influence d'une persuasion intime,

il croyait prévoir le retour de ces heures d'incertitude
où les nations, avant de prendre un parti, hésitent
entre la bonne et la mauvaise voie, et, étranger aux
disputes du moment présent, il voulait éclairer l'a-
venir.

La Révolution française, qu'il faut toujours prendre
comme point de départ de nos oscillations, a détruit,
par un dernier effort, ce que la royauté avait laissé
subsister en France des institutions féodales, et elle y
a substitué un ordre nouveau fondé sur la base de
l'égalité des conditions. C'est la victoire définitive rem-
portée par le Tiers État au terme de sa longue lutte,
soutenue dans le cours du moyen âge contre les classes
privilégiées, et il n'est pas besoin d'entrer bien avant
dans le secret des mouvements de l'histoire pour
reconnaître que notre siècle est celui de l'avénement
de la démocratie. Les uns s'en réjouissent et se félici-
tent avec M. Royer-Collard « de ce que la Providence
a appelé aux bienfaits de la civilisation un plus grand
nombre de ses créatures; » d'autres, au contraire, s'af-
fligent d'un événement destiné à se développer en résul-
tats inconnus ou pleins de dangers, et, dans les craintes
que leur inspire l'état nouveau, ils voudraient s'attacher aux ruines de l'ancien, et consacrer leurs efforts
à consolider des débris auxquels il reste peut-être assez
de consistance pour durer aussi longtemps qu'eux. M.
de Tocqueville n'appartenait pas aux vainqueurs, et il
se plaçait au-dessus des regrets stériles et tardifs des
vaincus. Il savait que l'accroissement des lumières et
du bon ordre chez un peuple a pour effet naturel de
développer l'amour de l'égalité et d'inspirer l'aversion

des distinctions artificielles ; il voyait dans la démocratie le terme où aboutit nécessairement toute société
civilisée ; aussi il n'avait garde de s'irriter d'une révolution contre laquelle les résistances d'un petit nombre
d'intéressés seraient impuissantes, et il se livrait à un
autre soin. Il se demandait avec appréhension si le
régime démocratique est compatible avéc la liberté.
« Indiquer, s'il se peut, aux hommes, ce qu'il faut faire
» pour échapper à la tyrannie et à l'abâtardissement en
» devenant démocratiques , telle est, disait-il, l'idée
» générale dans laquelle on peut résumer mon livre. »

Il ne croyait pas qu'il ne pût y avoir de salut pour
la liberté que dans une forme exclusive de gouvernement ; et si la démocratie lui inspirait des inquié-
tudes, ce n'est pas qu'il s'enfermât en politique dans
le cercle étroit d'un système. Mais, s'il ne mettait pas
en doute que la forme et l'origine des pouvoirs publics
ne pussent différer suivant les temps et les mœurs, il
voyait, en même temps, que le principe commun, par
lequel les gouvernements libres se distinguent de
ceux qui ne le sont pas, est de ne jamais concentrer
dans les mêmes mains la souveraineté absolue; et il
était convaincu que si tous les pouvoirs venaient
jamais à être réunis au profit d'une assemblée ou d'un
seul homme, la liberté aurait cessé d'exister. En effet,
du jour où quelqu'un possède une autorité sans
bornes, l'indépendance des citoyens n'est plus que
le fruit de sa tolérance ou de sa modération, et ce
serait s'aveugler étrangement que d'espérer s'appuyer
longtemps sur cette garantie éphémère, car, Corneille,
l'a dit avec raison :

Qui peut tout ce qu'il veut, veut plus que ce qu'il doit.

Cependant, ce redoutable péril est celui qui menace sans cesse les démocraties, car, lorsque les différentes classes, qui formaient dans l'état des pouvoirs destinés à se contenir mutuellement, ont été réduites au niveau de l'uniformité démocratique, lorsque les barrières qui s'élevaient entre les hommes se sont abaissées pour faire place à l'égalité des conditions, la société, fondue en un corps unique, ne peut plus avoir qu'un organe unique comme elle, la majorité ; et ainsi s'élève la plus terrible des toutes-puissances, celle d'une masse ignorante et sans mesure. Alors, c'est en vain qu'un petit nombre d'esprits cultivés s'efforcent de maintenir les garanties du gouvernement représentatif. La majorité, enivrée de sa toute-puissance et préoccupée de réformer le monde sur les idées exclusives qu'elle se forme de la justice et du bien public, n'aperçoit dans la division des pouvoirs qu'un obstacle, de nature à ralentir la force de l'impulsion imprimée par la volonté populaire. Étrangère, d'ailleurs, aux études abstraites de la politique, elle ne saurait démêler l'artifice infini qui entre dans la formation d'un gouvernement libre ; et comme La Bruyère a remarqué « qu'il ne faut ni art, ni science pour exercer la tyrannie, » la démocratie s'y précipite. Elle s'exprime dans la souveraineté d'une assemblée à laquelle tout est permis, pourvu qu'elle se donne comme l'organe de la société centralisée, et bientôt elle rejettera, comme un instrument trop débile, cette

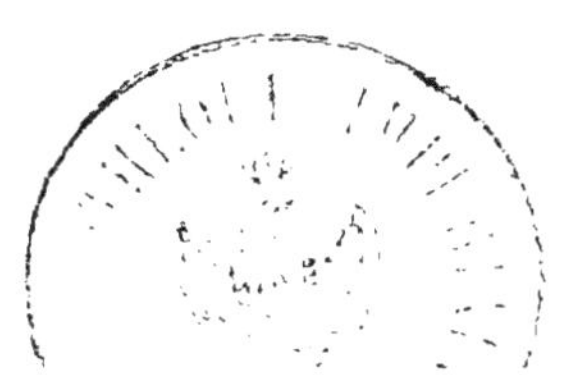

assemblée, qui n'est encore ni assez une, ni assez indivisible pour ses désirs, lorsque César, dont l'heure approche, offrira à la fois à la multitude un serviteur et un maître.

M. de Tocqueville envisageait ces tendances avec une âme inquiète, mais sans désespoir. Appuyé sur les principes de la religion chrétienne, il savait que les hommes sont toujours les maîtres de leur destinée, et il espérait qu'éclairés par de mâles leçons, les peuples modernes sauraient tourner vers un noble résultat la marche de l'élément démocratique. Il avait vu, dans un autre continent, l'égalité la plus absolue se composer avec les plus libres de toutes les institutions, un peuple sorti d'Europe transporter et garder au milieu d'une nature vierge les mœurs indépendantes et fières de la mère-patrie, et la liberté anglaise dépouillée de l'écorce féodale, semblable à un vieil arbre qui se pare de jeunes rameaux, trouver encore assez de vigueur pour supporter le fardeau d'un peuple démocratique. La société américaine n'était à ses yeux, ni un idéal accompli, ni un modèle que les nations de l'Europe dussent copier avec servilité ; mais en faisant connaître à ses concitoyens son esprit et ses lois, il voulait leur apprendre comment l'instinct de la liberté modifie les vices des instincts égalitaires, s'oppose à ce qu'il y a d'exclusif dans leurs désirs, et leur imprime une direction mesurée par la sagesse.

Les Américains ont placé à la base de leurs institutions, la liberté individuelle. M. de Tocqueville remarque avec raison, qu'ils ne se sont jamais figuré le pouvoir social sous la forme d'une puissante machine,

destinée à remplacer par son action uniforme l'initiative des citoyens, et à conduire la société dans la voie d'un bien-être collectif. Ils ne craignent rien tant que ces gouvernements paternels, où l'on voit l'administration réglementer la vie privée des hommes avec un soin si jaloux, qu'elle semble porter plus de sollicitude qu'eux-mêmes à leur sécurité et à leur fortune ; et lorsqu'on jette les yeux sur leur Constitution, on est frappé tout d'abord de ce qu'ils ont pris soin d'énumérer un certain nombre de matières que le législateur n'a pas le droit de traiter. C'est ce qu'ils considèrent comme le domaine de leur liberté, et il n'est point encore entré dans leur pensée, que l'exercice d'un droit pût être soumis à l'autorisation du gouvernement.

Bien que chez eux tous les pouvoirs découlent de l'élection, ils n'ont pas cru qu'une autorité élective eût besoin de moins de contrôle qu'un monarque héréditaire, et ils se sont gardés de tomber dans l'erreur d'un pouvoir unique. Ils ont divisé le gouvernement entre un président et deux Chambres, et leur Chambre haute, élective comme la Chambre des Représentants, exerce sur l'esprit public une influence qu'elle tire de son origine. Ainsi, les deux assemblées peuvent se modérer mutuellement, et on n'y voit point, comme cela arrive parfois en Europe, la prépondérance naturelle de l'une d'entre elles réduire l'autre à l'état d'un rouage impuissant et superflu. Cependant, ils ne se sont pas bornés à cet ingénieux assemblage, à l'aide duquel le gouvernement sagement divisé trouve en lui-même son propre frein. Ils ont craint que la puissance publique ne vînt à écraser les droits indivi-

duèls, si elle se trouvait en face de citoyens faibles et
isolés, et ils ont placé entre le pouvoir central et les
individus de fortes libertés locales. M. de Tocqueville
admirait la conception de ces pouvoirs locaux et de
ces gouvernements d'États qui sont en Amérique de
véritables pouvoirs conservateurs, et qui protégent
contre les entraînements de la majorité les intérêts spéciaux de chaque association collective. Il
eût voulu qu'en devenant démocratique, la France
empruntât à la Constitution des États-Unis ce que la
décentralisation a de compatible avec notre unité politique et nos antécédents historiques ; il déplorait
souvent le silence de la Charte à l'égard des libertés
municipales, et cette contradiction singulière, qui avait
poussé le roi Louis XVIII, à conserver au profit de
ministres parlementaires la plénitude du pouvoir
administratif.

« Les Bourbons, disait-il, au lieu de chercher à ren-
» forcer le parti aristocratique, qui meurt chez nous,
» auraient dû travailler de tout leur pouvoir à donner
» des instincts d'ordre et de stabilité à la démocratie.
» Dans mon opinion, le système communal et départe-
» mental aurait dû, dès le principe, attirer toute leur
» attention. Au lieu de vivre au jour le jour avec les
» institutions de Napoléon, ils auraient dû se hâter de
» les modifier, initier peu à peu les habitants dans leurs
» affaires, les y intéresser avec le temps, créer des inté-
» rêts locaux, et surtout fonder, s'il est possible, ces
» habitudes et ces idées légales qui sont, à mon avis,
» le seul contre-poids possible à la démocratie. »

Ainsi , M. de Tocqueville allait droit à la destruc-

tion de la centralisation. Il déclarait résolûment que
les hommes de la Révolution s'étaient égarés dans
leur route, et qu'en subordonnant au centre tous les
pouvoirs, ils avaient préparé à la liberté un abîme où
elle viendrait s'engloutir. Les idées qu'il se formait
sur la mission de la magistrature ne sont pas moins
remarquables. Il croyait, sur la foi de Montesquieu, que
l'ordre judiciaire doit être un pouvoir indépendant et
souverain, égal dans son rôle élevé au pouvoir exécutif et
au pouvoir législatif lui-même, assez puissant pour les
contenir tous deux dans les bornes de l'équité, assez
ferme pour protéger sans complaisance, la société dont
il est l'organe, contre les agressions des malfaiteurs
et les citoyens dont il est l'appui, contre les usurpations
de l'autorité publique. Cette mission politique et judiciaire, à la fois, est celle des tribunaux américains.
Les Américains ne connaissent pas et ils ne com-
prennent qu'avec difficulté ce que nous nommons la
juridiction administrative. Ils ne croiraient point leur
liberté hors d'atteinte, si le gouvernement pouvait
entretenir, à côté des juges ordinaires, un corps de
juges soumis à ses volontés, pour interpréter les lois
qui l'intéressent; et ils veulent que les décisions de la
justice ne s'appliquent pas seulement aux citoyens,
mais aux fonctionnaires. Ils ne se sont pas même
arrêtés là. Ils ont confié à leurs tribunaux la préroga-
tive redoutable de déclarer qu'une loi est contraire à
la Constitution et de refuser de l'appliquer aux contestations, et si les assemblées, cédant à une heure
d'entraînement, se laissaient emporter en dehors des
limites qu'elles ne doivent point franchir, la nation

trouverait encore sur le siége de ses magistrats, la hauteur d'âme inaccessible aux séductions du pouvoir, et l'expression vivante du droit, s'élevant au-dessus des passions politiques, pour rappeler au législateur égaré, que le peuple américain s'est réservé un asile inviolable, en plaçant sous la garde de la justice, le dépôt des libertés publiques.

Il est impossible de ne pas être frappé, en lisant *la Démocratie en Amérique*, du sentiment de satisfaction, avec lequel M. de Tocqueville retrace les règles simples et fortes de cette organisation, si propre à entretenir dans le sein d'un peuple les mœurs judiciaires et les habitudes légales qu'il souhaitait pour son pays. A la faveur de ce régime salutaire, l'Amérique et l'Angleterre voient se résoudre chaque jour en procès paisibles et solennels les contestations qui s'élèvent entre le gouvernement et les citoyens, et elles peuvent traverser les crises les plus dangereuses, sans que la paix publique reçoive jamais aucune atteinte, parce qu'avant de se croire opprimé, chacun sait qu'il a contre l'oppression un refuge toujours ouvert et toujours efficace. Les nations qui ne jouissent pas de ces garanties se laissent parfois aller à en prendre elles-mêmes de moins certaines et plus périlleuses, et c'est en ce sens que lord Chesterfield disait à Montesquieu, en parlant de la France: « Vous savez élever des barricades, mais vous n'éleverez jamais de barrières. » M. de Tocqueville eût voulu démentir cette triste prophétie, et il s'efforçait de montrer à ses concitoyens et au pouvoir, que l'autorité de la justice est, en même temps qu'une entrave, un gage de sécurité pour les gouvernements.

Mais en même temps qu'il cherchait à protéger la démocratie contre elle-même, en la tempérant par de sages lois, il élevait ses pensées plus haut. Il savait que les lois les plus parfaites ne valent jamais qu'autant qu'elles ont les mœurs pour complices de leur sagesse, et que la source des bonnes mœurs réside dans la conscience de l'homme. Aussi il demandait aux inspirations du sentiment religieux les vertus civiques sans lesquelles il n'y a point de peuples libres, et tous ses travaux politiques n'eussent été à ses yeux qu'un vain et stérile effort, s'il lui eût fallu adresser ses conseils à une nation sans croyances. En réclamant un ensemble d'institutions destinées à contenir dans de justes bornes l'autorité absolue d'un pouvoir issu de la majorité, il voyait qu'au fond de ses recherches, il se dressait toujours ce problème, que la majorité est la plus forte, et que le plus petit nombre est impuissant à défendre ses droits si elle les attaque. L'établissement ou le maintien des institutions qu'il rêvait étaient donc à la merci d'une multitude qu'elles allaient contrarier en la modérant, et il ne se dissimulait point que le dernier résultat de ses conceptions consistait inévitablement dans cette périlleuse tentative de s'adresser à la force et d'obtenir qu'elle s'inclinât volontairement devant le Droit. C'est là, Messieurs, la tâche qu'il réservait à la religion, et il n'admettait point qu'un peuple pût se conserver sans son appui, parce qu'il plaçait dans la notion d'un Dieu chrétien l'idée même de la Justice.

Ne croyez pas cependant, que l'œuvre de ses

croyances fût toute dirigée par des considérations politiques. Il n'appartenait point à la classe de ces hommes qui regardent comme un instrument utile à appliquer à la multitude, une foi et des principes dont le mérite consiste pour eux dans le profit qu'ils en retirent, et s'il mettait dans l'action des lois religieuses sur le cœur de l'homme l'espérance d'un avenir moins agité, c'est qu'une conviction, pure de toute réticence, animait sa propre pensée et avait mis fin à ses incertitudes. En même temps qu'il approfondissait avec l'indépendance et la raison d'un philosophe les secrets de l'organisation sociale, il apportait dans les matières religieuses une foi toujours docile et d'autant plus inébranlable, qu'elle ne songeait point elle-même à se discuter. Mais il voulait que la religion fût défendue par les seuls moyens qui avaient servi à la fonder, l'exemple et la prédication ; et comme il en avait fait la sauvegarde de la liberté, il ne pouvait comprendre qu'on employât l'intolérance à son service.

Vous connaissez maintenant la vie de M. Tocqueville presque tout entière, car elle fut constamment dirigée par les mêmes principes et nul homme ne conforma plus exactement ses actions à ses pensées.

Cependant le cours des événements me conduit à vous parler d'une résolution qui fixa son bonheur domestique, et où la passion s'accorda avec la sagesse, pour attacher à son foyer, une compagne digne de comprendre et de partager ses croyances, ses affections et ses désirs. Il avait connu à Versailles une jeune Anglaise, mademoiselle Marie Mottley. Il l'avait

vue soutenant avec une vertu douce et une simplicité
fière une position modeste, d'une humeur facile avec
un caractère solide, sérieuse et instruite sans préten-
tion, également propre à charmer par la grâce de son
visage, la jeunesse qui attire et séduit et les dons
plus précieux d'un esprit qui savait se répandre sans
effort. Il est vrai que cet heureux assemblage de qua-
lités formait à peu près tout le patrimoine de mademoiselle Mottley, mais cet obstacle n'en fut pas un pour
M. de Tocqueville. Il pensa que le bonheur ne consistait pas exclusivement dans la possession de la
richesse, et qu'en acceptant des liens indissolubles,
il fallait préférer aux avantages matériels, cet accord
mutuel des sentiments et des pensées, dans lequel la
vie commune puise son harmonie et son inaltérable
unité. Il n'eut pas à se repentir d'un choix où il ren-
contra un cœur égal au sien, et s'il est vrai qu'on ne
soit complétement heureux dans l'objet de son attachement qu'après avoir appris à le connaître tout
entier par le partage des douleurs, cette preuve dernière ne manqua pas à son âge mûr. Lorsque, parvenu
au sommet de la vie publique, il vit sa carrière brisée
par une révolution qui bouleversa son existence, il
trouva dans les satisfactions d'une union constamment heureuse un soulagement à ses regrets, et il se
félicita d'avoir placé la meilleure partie de son bonheur, dans un attachement assez profond pour sur-
vivre à la ruine de ses espérances, et le consoler des
revers de la fortune.

M. de Tocqueville n'avait encore paru que comme
écrivain ; il voulut se mêler plus directement aux

affaires générales de son pays et se présenta à la députation. Après un premier échec, il réussit en 1839, et depuis cette époque jusqu'en 1851 l'arrondissement de Valognes l'appela sans interruption à faire partie de la Chambre élective. Cependant, après être parvenu au but de ses désirs, il n'entra point activement dans les luttes ardentes des partis, et n'en trouvant aucun dont le programme répondît pleinement à son opinion, il resta un peu à l'écart. L'opposition s'inspirait alors des principes absolus qui avaient conduit à leur perte les assemblées de la Révolution, et l'idéal qu'elle faisait entrevoir à la Démocratie, était trop contraire à celui que M. de Tocqueville s'était formé, pour rendre possible une entente complète. D'un autre côté, la situation d'esprit dans laquelle il était resté vis-à-vis du gouvernement de Juillet se traduisait par l'attitude d'un spectateur indifférent, et bien que cette indifférence ne fût pas de l'hostilité, elle ne lui laissait point assez d'illusions sur les erreurs inséparables de la politique humaine, pour ne point le porter à la critique. D'ailleurs, les hommes qui allaient à cette époque être appelés à la tête du gouvernement et y rester jusqu'à la catastrophe du 24 février s'étaient donnés une ligne de conduite à laquelle M. de Tocqueville ne pouvait adhérer sans renoncer à ses convictions les plus intimes. Ils poursuivaient sincèrement et loyalement la fondation d'un gouvernement libre sous la monarchie constitutionnelle, mais ils croyaient que dans les circonstances où ils étaient engagés, le danger le plus à craindre était d'affaiblir le pouvoir. Ils ne songeaient

point à nier qu'il n'y eût encore des progrès à faire
dans l'ordre des libertés publiques, mais ils voulaient
accoutumer la nation à la pratique intelligente des
libertés établies avant d'en accorder de nouvelles, et
comme ils savaient, qu'entre leurs mains, les lois arbi-
traires ne seraient pas dangereuses pour les citoyens,
ils prétendaient conserver en elles une arme utile
dans les jours de troubles. M. de Tocqueville était
précisément d'avis que les libertés absentes ou incom-
plètes, étaient celles dont la pratique immédiate eût
affermi le régime constitutionnel ; les libertés indivi-
duelles et locales étaient à ses yeux, le complément
indispensable des libertés parlementaires, et il tenait
pour insoluble, le problème d'associer une assemblée
élective à un gouvernement centralisé. Il s'enfonçait
chaque jour davantage dans ce sentiment , et ne
pouvant le faire partager immédiatement à un parti,
il attendait, entouré de quelques amis, dont le nombre
allait grossissant avec les années. Son opposition avait
un caractère de désintéressement, qui lui permettait
de s'élever au-dessus des passions, dont il ne parta-
geait point la vivacité, et quand il montait à la tribune,
c'était pour apporter dans les délibérations, la voix
d'un moraliste quelquefois sévère, toujours écouté,
plaçant avant tout autre intérêt la pureté des mœurs
privées et la probité des mœurs publiques. La majorité aimait à lui confier les questions d'intérêt général,
dans lesquelles la politique du ministère n'était point
en jeu. Elle le chargea successivement des rapports
sur l'abolition de l'esclavage, sur la réforme des prisons et sur les affaires d'Algérie. Il excellait à traiter

ces questions neutres, où la philosophie morale trouvait en lui un interprète supérieur ; il s'y livrait tout
entier et ne reculait pour les approfondir devant
aucune fatigue ; ses rapports étaient des traités, où il
éclairait toutes les faces du problème soumis à son
investigation. Il s'élevait ainsi dans la confiance de
ses collègues, et dans la sphère paisible, où il avait
trouvé un rôle approprié à son attitude politique, il
prenait une autorité qui commençait à devenir
décisive.

Il avait montré à la tribune un talent persuasif et
sachant commander l'attention ; cependant, son éloquence ne s'éleva jamais à la hauteur incomparable,
où l'avait placé son génie d'écrivain. Ne diriez-vous
pas que la nature, avare dans ses largesses, redoute
sans cesse d'en tarir la source, tant elle apporte de
soins à ne vider jamais qu'à demi la coupe où elle
retient ses trésors? Il semble qu'obéissant à ce dessein
secret, elle ait voulu séparer les gloires distinctes de
l'orateur et de l'écrivain, et qu'elle les ait attachées à
des aptitudes d'esprit trop différentes pour se rencontrer souvent dans le même homme. C'est l'inspiration
qui fait les orateurs, elle se révèle comme par l'effet
d'une lueur soudaine et il lui faut une âme prompte
à exprimer ce qu'elle sent. Les pensées doivent croître,
pour ainsi dire, dans l'orateur, à mesure qu'il parle,
et les plus sublimes sont toujours celles que lui sug-
gère la vue d'un auditoire suspendu à ses lèvres.
L'écrivain, le philosophe surtout, est soumis à d'autres
lois. Il cherche laborieusement une perfection qu'il
n'atteint jamais sans une poursuite obstinée, et s'il

parvient à donner une forme rigoureuse à sa pensée,
s'il la livre au lecteur dans un style digne d'échapper
à l'oubli, c'est le fruit d'une patience opiniâtre et
d'une lente méditation. Aussi, quand il renonce à son
travail solitaire pour se livrer à la parole publique,
il ne sait point s'abandonner aux mouvements qui
l'agitent ; il craint de ne point s'exprimer avec la pré-
cision qu'il apporte dans ses ouvrages, et il se sur-
prend toujours à chercher la vérité pendant qu'il l'ex-
pose à ses auditeurs. Cette sévérité et cette méfiance
de soi-même furent souvent une entrave pour l'éloquence de M. de Tocqueville, et parmi tant d'orateurs
illustres, formés au milieu des rudes combats de la
tribune, il connut des maîtres dans l'art de la parole.

La Révolution de 1848 ne vint point le surprendre
comme tant d'autres. Il l'avait prévue, il l'avait pré-
dite et il avait conseillé sans succès la politique qui eût
pu la prévenir. On ne vit jamais plus tristement com-
bien la centralisation est dangereuse pour le régime
parlementaire, et comment elle le menace sans cesse,
en le faussant dans son application. Le gouvernement
cédant à une erreur funeste, avait voulu conserver l'organisation administrative du premier Empire. Grâce
à l'influence, que cette organisation prête si facilement
dans les provinces à tout pouvoir établi, le ministère
obtint aux élections de 1847, un succès qui n'était plus
en rapport avec sa popularité chancelante; et l'opposition, trompée dans son attente, dut renoncer à l'espoir d'arracher à la Chambre renouvelée les réfor-
mes qu'elle réclamait. Elle n'eut pas le courage de la
patience. D'autant plus irritée qu'elle s'était fait de plus

grandes illusions, elle oublia que dans une constitution libre, les vaincus de la veille sont les vainqueurs du lendemain, et pour vider bruyamment le débat, elle le porta sur la place publique. On sait quelle fut l'issue de cette campagne des banquets, où les passions populaires, imprudemment déchaînées, brisèrent dans une émeute le trône qu'une insurrection avait élevé. C'est un soulagement pour l'esprit de rencontrer, en cette circonstance, l'exemple d'un petit nombre d'hommes qui surent allier leur devoir à leur opposition. Toujours fidèle à sa conscience et à l'ordre constitutionnel, M. de Tocqueville soutint la réforme à la tribune, parce que cette cause lui semblait celle de la justice, mais il refusa d'acheter son triomphe en sortant des voies légales. Il ne s'associa point à l'agitation des banquets ni à la mise en accusation des ministres, et quand la révolution, qu'il n'avait point appelée, eut, selon sa coutume, emporté la liberté, il n'eut point le regret amer d'avoir été l'artisan de sa propre défaite.

Mais lorsque la république fut proclamée, il s'y rallia sincèrement. Il n'avait jamais eu contre cette forme de gouvernement d'objections invincibles, et il pensait d'ailleurs que l'adhésion et le concours des hommes sages et des citoyens honnêtes, étaient le moyen le plus efficace de prévenir le désordre ou la violence. Dans cette conviction, il sollicita le mandat de représentant et fut envoyé par le suffrage universel, à l'Assemblée, chargée de discuter la Constitution nouvelle. Malheureusement, les principes qu'il voulut faire prévaloir, dans le sein de la commission, dont il fut un des mem-

bres, ne reçurent pas l'adhésion de la majorité: malgré
ses observations et celles de M. Odilon Barrot, on refusa
d'admettre la division en deux Chambres, la centralisation subsista dans son intégrité, et la démocratie française sacrifia encore une fois à des utopies décevantes,
les enseignements de la sagesse politique. A côté d'une
assemblée, unique et souveraine, comme aux jours de la
Révolution, on plaça un président élu par le suffrage
universel, et les deux pouvoirs, indépendants l'un de
l'autre, reçurent la mission de s'accorder ensemble sans
les moyens d'y parvenir. On put deviner dès le premier jour, quel conflit sortirait de ce dangereux tête-
à-tête.

Cependant, on eut sous les commencements de l'Assemblée législative, un moment de calme entre deux
orages. Le suffrage universel venait de donner sa confiance à des hommes étrangers à la Révolution de février et appartenant d'ailleurs aux partis les plus
divers, fermement attachés à la liberté, mais adver-
saires résolus des agitations malsaines et des doctrines
anarchiques. Les uns voulaient fonder et maintenir
une république modérée, le plus grand nombre ne
l'acceptait que provisoirement, mais tous étaient unis
dans une pensée d'ordre et de conservation. M. de Tocqueville s'était placé dans leurs rangs, et fut appelé à y
jouer un rôle important. La situation n'était plus la
même que sous le gouvernement de Juillet : l'événement avait donné raison à ses appréhensions et montré en lui une sagacité qui eût peut-être arrêté le péril;
aussi l'opinion publique, qu'il avait refusé de suivre
dans ses erreurs, venait d'elle-même à lui sous la pres-

sion des circonstances, et tous ceux qui n'avaient point encore désespéré du régime parlementaire, se rattachaient à ses opinions, comme aux seules qui pussent le sauver. Lorsque le président de la République essaya d'un ministère constitutionnel, il fut désigné pour en faire partie et reçut le portefeuille des affaires étrangères. Il fut associé à ce titre à deux grandes mesures : l'expédition romaine et la loi depuis longtemps attendue sur la liberté de l'enseignement. Ce fut le plus beau moment de sa vie publique. Il commençait à conquérir dans le gouvernement la place qui convenait à son mérite et à sa légitime ambition. Doucement poussé par l'impulsion d'un vent favorable, il croissait en influence et en popularité. Illustre en Europe et en Amérique par ses écrits, il pouvait concevoir l'espérance plus flatteuse encore de faire triompher dans la politique française ses idées les plus chères. De vives amitiés s'étaient formées autour de lui. Il jouissait à la fois de tout ce qui compose la gloire et le bonheur des hommes. Mais cet instant devait être de courte durée, la réaction qui l'avait porté au pouvoir allait bientôt le dépasser, et de nouveaux événements allaient s'accomplir.

M. de Rémusat a dit finement « que si un peuple croit la république impossible ou dangereuse, il faut qu'elle le soit, car il ne fera pas ce qui est nécessaire pour la sauver ». Cette défiance inquiète agitait alors la France entière. Le nom même de la République rappelait d'effrayants souvenirs. Quand on l'avait vue reparaître traînant à sa suite les dissentions civiles, un sentiment d'angoisse s'était emparé des esprits, et pour échapper aux dangers qu'elle redoutait, la nation

était prête à accepter tous les moyens de salut. D'ailleurs, il pesait sur les consciences, depuis le 24 février,
un trouble moral d'une nature plus grave et plus
durable. La Révolution de 1848 n'avait pas ressemblé
aux précédentes. Elle ne s'était pas accomplie pour
défendre les droits du peuple violés ou méconnus. Elle
succédait à dix-huit ans de prospérité pacifique et de
liberté légale, et on avait assisté avec stupeur, à la
chute d'un gouvernement, que la scrupuleuse observa-
tion des lois, n'avait pu défendre contre un soulèvement
injuste. Sans doute, ce gouvernement avait pu se trom-
per, et il est permis de croire qu'en accordant des libertés nouvelles, il eût donné plus d'harmonie au système
représentatif, et rendu moins dangereux l'exercice des
libertés acquises. Mais ce qui frappait les contemporains, c'est que le régime le plus libre que la France eût
connu, venait d'être violemment détruit, que la liberté
respectée avait facilité l'attaque, et n'avait point servi
à la défense de l'ordre public. Les Français, c'est à la
fois leur grandeur et leur faiblesse, sont un peuple ar-
dent et passionné, sensible aux idées généreuses,
prompt à l'enthousiasme, facile au découragement.
Ils ont aimé la liberté au-dessus de tous les autres biens,
ils l'ont conquise, ils l'ont donnée à l'Europe et ils y
reviennent toujours. Mais en ce moment, la confiance
qu'ils avaient mise en elle venait d'être cruellement
déçue ; ils avaient cru qu'elle leur tiendrait lieu
de sagesse, et comme ils s'étaient flattés de chimé-
riques espérances, ils lui imputaient maintenant
toutes leurs misères. Les luttes d'une tribune libre
avaient cessé d'émouvoir et d'intéresser, on sou-

pirait après un pouvoir fort, et on allait l'obtenir.

Ce changement fut accueilli par M. de Tocqueville avec une douleur profonde, et qui étonne parfois dans son amertume. Il avait mis dans les débats politiques une part de sa vie ; sa pensée et son cœur y étaient engagés, et il ne pouvait les en détacher sans blessure. Le public, je le sais, est disposé à contempler avec indifférence les déceptions des hommes d'État ; leurs tristesses ne le touchent point, parce qu'il ne voit dans leurs regrets qu'ambition trompée, et on dirait qu'il comprend mal les faiblesses de l'âme devant les mécomptes, d'une partie, où les joueurs ont dû faire entrer les incertitudes du sort. Mais ce jeu, si fragiles qu'en soient les faveurs, absorbe l'existence de ceux qui s'y dévouent. Quand ils se sont donnés au culte d'une idée, qui se confond dans leur esprit avec la justice et la vérité, et qu'ils ont consacré leurs forces à la défendre ou à le faire connaître, si la victoire vient à trahir leurs espérances, ils souffrent de leurs illusions détruites plus encore que de leur défaite. Ils sentent qu'au milieu des ruines de ce qu'ils ont aimé, leur vie condamnée à l'inaction na plus de but qui la remplisse. Semblables à ces malades, qui portent encore une âme active dans un corps paralysé, et qui s'épuisent en inutiles efforts pour remuer leurs membres engourdis , leur volonté et leur ardeur ne s'agitent plus que dans le vide, et le spectacle de leur carrière terminée avant eux, les pénètre d'une incurable douleur.

C'est le mal qui atteignit M. de Tocqueville, lorsqu'il

dut renoncer subitement à s’associer à la fortune de
son pays. Retiré dans son château de Tocqueville, où
il passa presque exclusivement ses dernières années,
il n’avait pas même voulu conserver le mandat de
conseiller général, et séparé de tous les intérêts publics,
auxquels il s était mêlé si longtemps, il s’enfermait
dans ses pensées. Toutefois, il comprit que son talent
lui ouvrait un refuge dans la littérature ; il s’y ratta-
cha avec passion, et il nous a transmis le résultat de
ses études dans un ouvrage célèbre : *l’Ancien Régime
et la Révolution*. Rien ne peint mieux l’état de son
âme, à cette époque, que l’espèce de fièvre inquiète
avec laquelle il attendait le jugement du public sur
son livre. « Je tremble d’avance, écrivait-il, en pensant
à quel degré il est nécessaire pour moi de réussir. Je
ne sais, en vérité, ce que je deviendrais, si cette
unique occupation me manquait. » Heureusement ces
craintes n’étaient pas fondées ; l’écrivain avait mûri
en lui dans les épreuves politiques. Pendant les vingt-
quatre années qui séparent *la Démocratie en Amérique*
de l’Ancien Regime et la Révolution, son esprit toujours en travail, s’était assoupli sans perdre sa vigueur
première ; son nouvel ouvrage, moins systématique
dans la forme, moins jeune peut-être que le précédent,
avait aussi un tour plus libre, plus de finesse et de
variété dans les aperçus, moins de rigidité dans la
pensée. L’homme d’État s’y laissait mieux apercevoir,
tout en laissant au philosophe une part digne de lui.
Le succès ne pouvait être douteux : il fut éclatant et
incontesté.

Le livre a pour objet de répondre à une question

que M. de Tocqueville ne cessait de se poser à lui-
même : Pourquoi la liberté politique n'a-t-elle pas
réussi en France, malgré tant d'essais généreux et
sincères ? Comment a-t-elle subi successivement tant
de tristes mécomptes ? Par quelle fatalité voyons-nous
sans cesse, les révolutions nous prodiguer d'abord les
plus brillantes promesses, et ensuite, dévier inopiné-
ment de leur route, s'écarter du but qu'elles s'étaient
fixé à elles-mêmes et n'aboutir qu'à ce résultat, de
nous laisser plus désabusés, moins libres et peut-être
moins capables de le devenir ?

Il demandait la solution de ce grave problème à la
méditation des temps passés, et remontant aux origines
de notre histoire, il attribuait la plus grande partie de
nos fautes à l'amour exclusif de l'égalité. Les haines
inextinguibles, que l'oppression féodale avait amas-
sées dans les cœurs, et qui, survivant à leurs causes
pendant une longue série de générations , avaient
tourné les passions populaires, vers la destruction
complète de l'aristocratie plutôt que vers l'établissement de la liberté, devaient avoir pour conséquence
de faire des Français les serviteurs égaux d'un maître.
Toute l'histoire de l'ancien régime est un achemine-
ment vers ce but inaperçu, et la ruine du pouvoir
féodal poursuivie par le peuple, de concert avec la
royauté, se consomme dans le triomphe de la puissance royale. Il se rencontre une suite de princes
habiles et de ministres éminents, égoïstes pleins de
génie, qui font servir à leur grandeur les rancunes de
la bourgeoisie, réduisent avec ses milices les résistances des grands, tirent de son sein et attachent à

leur ambition une armée plus puissante encore, les légistes, et, par l'ingénieux emploi de tant de forces combinées, élèvent au milieu de la nation unifiée, l'édifice de la monarchie absolue.

Un siècle et demi avant la Révolution, Richelieu et Louis XIV avaient achevé l'œuvre de leurs prédécesseurs. Le roi gouvernait, légiférait, fixait les impôts, décidait en dernier ressort dans son conseil ; il administrait l'intérieur par des intendants qui, pour la solution de presque toutes les difficultés, en référaient au contrôleur général des finances. « Il n'était plus
« gêné, nous dit M. de Tocqueville, par les anciens
« pouvoirs locaux ; on ne leur abandonnait que le soin
« des chemins vicinaux. Dans les villes, les assemblées
« municipales, composées de notables, ne pouvaient ni
« établir un octroi, ni lever une contribution, ni hypo-
« théquer, ni vendre, ni plaider, ni affermer les biens
« communs, ni les administrer, ni faire emploi de
« leurs recettes sans qu'il intervînt un arrêt du Con-
« seil sur le rapport de l'intendant. » Ce qu'on appelle la garantie administrative était dès lors dans toute sa vigueur. En ordonnant une mesure, le gouvernement avait soin d'ajouter, que toutes les contestations qui pourraient survenir sur son exécution, seraient portées devant l'intendant pour être jugées par lui, sauf appel au Conseil. A défaut de cette précaution, il était procédé par voie d'évocation devant la même autorité.
« Peu à peu, l'exception se généralisa, et il s'établit
« comme maxime d'État que tous les procès dans les-
« quels un intérêt public est mêlé, ou qui naissent de
« l'interprétation d'un acte administratif, ne sont point
« du ressort des juges ordinaires, dont le seul rôle est

« de prononcer entre les intérêts particuliers. — En
« cette matière, dit M. de Tocqueville, nous n'avons fait
« que changer la formule ; à l'ancien régime appar-
« tient l'idée. »

La Révolution n'a donc pas créé la centralisation,
comme on le croit généralement, et si elle n'a pas
établi la liberté d'une manière durable, c'est qu'elle
était l'héritière de cet ancien régime, qu'elle croyait
renverser, en mettant àla place des rois des assemblées
aussi puissantes qu'eux. Elle a créé la liberté civile,
ce sera son titre de gloire ; mais en matière politique,
ses travaux sont restés stériles, parce qu'elle a déplacé
le pouvoir sans le modifier. Son œuvre s'est bornée
sur ce point, à mettre dans les mains d'une autorité
populaire les armes qui avaient servi à défendre et à
protéger le despotisme royal, et par là, elle a préparé
les voies à un régime absolu, beaucoup moins différent
de l'ancien qu'on ne le suppose de nos jours.

Le premier volume de *l'Ancien régime et la Révolution* a seul été publié, et il s'arrête au seuil de
cette révolution que l'auteur voulait apprécier à
un nouveau point de vue. On attendait avec impa-
tience la suite de ce bel ouvrage, qui avait vive-
ment ému la curiosité publique et qui eût peut-être
donné le dernier mot de la critique, sur cette
époque singulière et toujours obscure, quoique si
rapprochée de nous. Mais, tout en continuant son
travail, M. de Tocqueville sentait sa vie s'échapper, et il commençait à douter de pouvoir arriver
jamais au terme de sa tâche. « Une grande partie
« est ébauchée, disait-il dans sa préface, mais encore

« indigne d'être offerte au public. Me sera-t-il donné
« de l'achever ? Qui peut le dire ? la destinée des indi-
« vidus est encore bien plus obscure que celle des
« peuples. » Déjà la maladie qui devait l'emporter
avait fait de rapides progrès. Il en avait subi la première atteinte à la suite des fatigues de son ministère,
et les médecins l'avaient envoyé en Italie, chercher un
ciel plus pur et un climat moins rigoureux. Un instant
il s'était cru guéri ; mais depuis lors sa santé n'avait
cessé d'être chancelante, et un séjour prolongé en
Normandie ne pouvait manquer de lui être fatal. En
1858, il eut un crachement de sang, et il se décida,
mais trop tard, à passer l'hiver à Cannes. Il y vint
pour y mourir. Les accès devinrent plus fréquents et
plus graves, ses forces s'épuisèrent peu à peu, le
souffle s'en alla par degrés. Un soir de printemps, le
16 avril 1859, il finit sans secousse et sans douleur,
entouré de sa famille et des amis de sa jeunesse, sous
le regard d'une femme tendrement aimée , avec
l'appui de la religion qui console et fortifie, dans la
sérénité d'une conscience sans reproche. La mort le
prit avant l'heure, à un âge où la moitié de la vie est
à peine achevée, mais elle le trouva prêt au passage,
n'ayant aimé que ce qu'il croyait digne d'être aimé,
n'ayant jamais renié ce qu'il avait aimé. Les affections
et la foi de ses premières années étaient restées celles
de son âge mûr, et elles adoucirent ses derniers
instants.

Qu'ajouterais-je, Messieurs ? Le plus précieux hom-
mage que nous puissions rendre aux hommes illustres
quand ils sont en même temps des hommes de bien,

c'est de rappeler leurs services et de demander des exemples à leur mémoire. Les jeunes gens qui arrivent à l'âge viril, et qui n'ont encore aperçu la vie que sous une forme légère et insouciante, ont besoin d'appuyer leur inexpérience sur les conseils des vieillards, et quand ils rencontrent dans la génération qui a combattu avant eux, un de ces types élevés, dans lesquels se personnifie une grande cause noblement servie, ils s'adressent à lui comme à un guide et un initiateur. Grâce à cette filiation intellectuelle, qui relie sans cesse le passé aux espérances de l'avenir, son nom honoré parmi les hommes échappe à la mort et aux revers, et il se survit en quelque sorte à lui-même pour triompher dans ses descendants. M. de Tocqueville a déjà obtenu une partie de cette récompense, et il en était digne. C'est pourquoi, Messieurs, j'ai cru employer utilement votre première soirée en cherchant avec vous un enseignement et un modèle dans la vie de cet homme admiré à juste titre, célèbre par ses ouvrages, remarquable par la sagacité politique, plus grand, oserai-je dire, par le caractère et par la vertu.

Abbeville. — Imprimerie de P. BRIEZ.

COMMENTAIRE DE LA LOI DU 24 JUILLET 1867

SUR

LES SOCIÉTÉS

Par L. TRIPIER

Docteur en droit, Avocat à la Cour impériale de Paris

2 forts volumes in-8°. Prix : 16 fr.

DU MÊME AUTEUR :

COMMENTAIRE DE LA LEGISLATION

PARTICULIÈRE AUX

SOCIÉTÉS A CAPITAL VARIABLE

1 vol. in-8°. Prix : 4 fr.

Ces deux ouvrages ont été honorés de la souscription de S. Ex. M. le Ministre du commerce et des travaux publics.

T R A I T É

DE LA

CRIMINALITÉ, DE LA PÉNALITÉ ET DE LA RESPONSABILITÉ

SOIT PENALE, SOIT CIVILE

EN MATIÈRE DE CONTRAVENTIONS, DE DELITS ET DE CRIMES

Par A.-F. LE SELLYER

Ancien Professeur de Procédure criminelle et de Législation criminelle à la
Faculté de droit de Paris

2 volumes in-8°. Prix : 17 fr.

THÉORIE DES CONTRATS INNOMMÉS

ET EXPLICATION DU TITRE

DE PRESCRIPTIS VERBIS

au Digeste

Par Calixte ACCARIAS

Professeur agrégé à la Faculté de droit de Paris

1 volume in-8°. Prix : 6 fr. 50

SOUS PRESSE :

DE LA PATERNITÉ

Par un ancien Notaire

Un volume in-8°

C'est le premier volume d'un *Commentaire complet du Code Napoléon* que l'auteur se propose de publier

---

LA CHASSE

ar MM. GIRAUDEAU, Avocat, et J.-M. LELIÈVRE Avocat plaidant

1 vol. in-8° ou in-18 anglais. Prix : 3 fr. 50

Abbeville. — Imprimerie de P. Briez

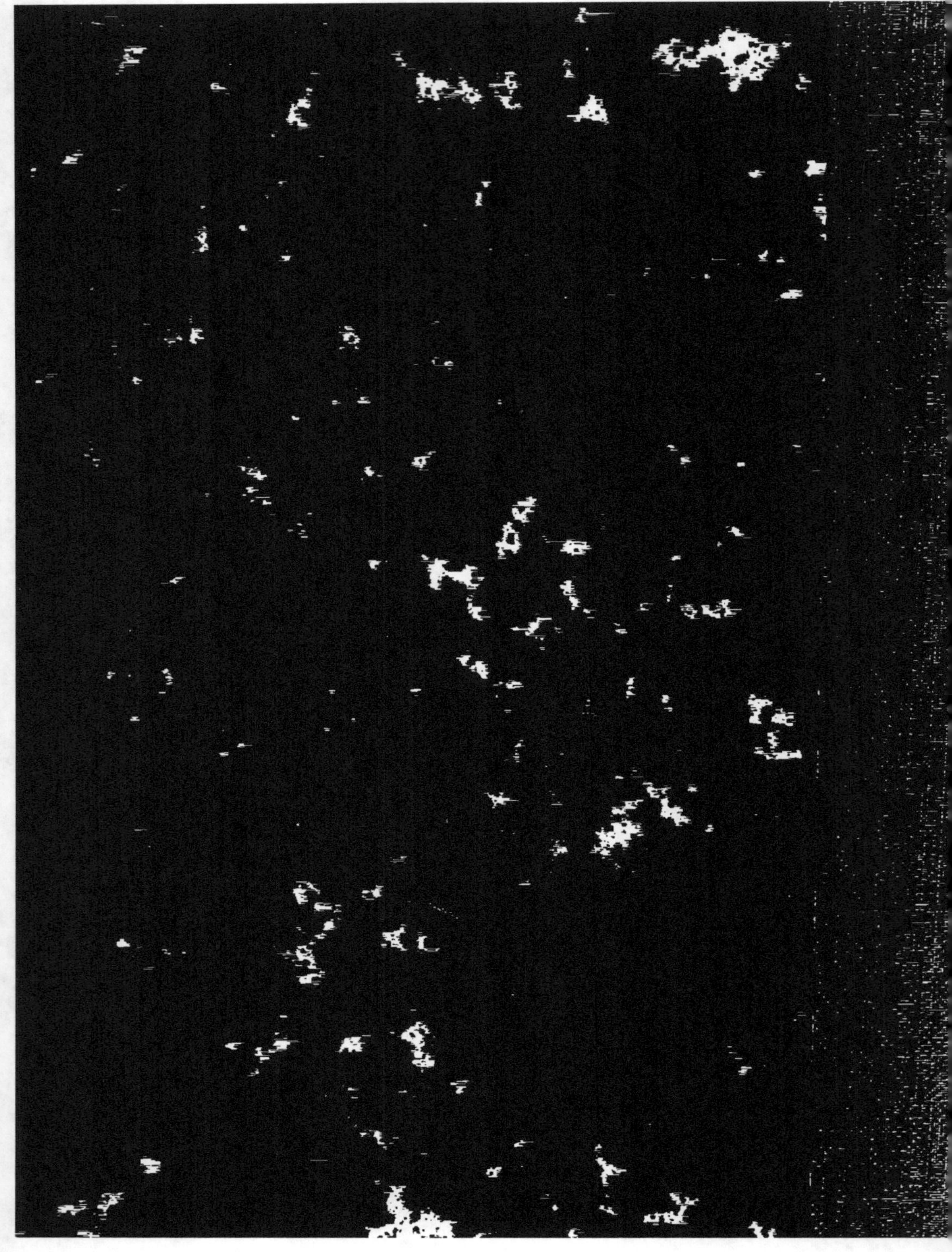